AF356980

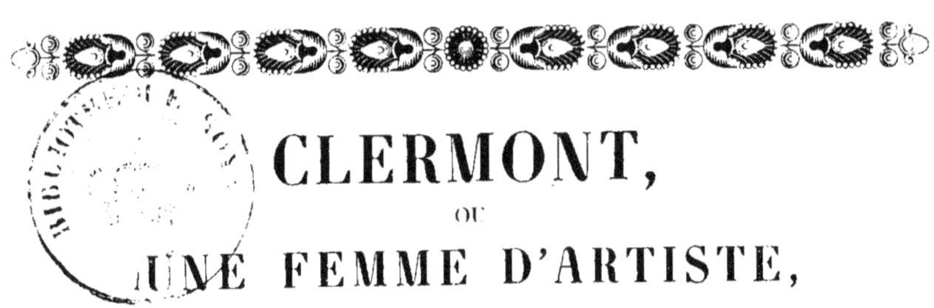

CLERMONT,
OU
UNE FEMME D'ARTISTE,

COMÉDIE-VAUDEVILLE EN DEUX ACTES,

PAR

MM. SCRIBE ET ÉMILE VANDER-BURCH;

Représentée pour la première fois, à Paris, sur le théâtre du Gymnase Dramatique,
le 30 mars 1838.

DISTRIBUTION DE LA PIÈCE :

CLERMONT, peintre......................... M. BOUFFÉ.
HERMANCE, sa femme........ .... Mlle SAUVAGE.
LE VICOMTE DE RÉTHEL...................... M. RHOZEVIL.
AUGUSTIN, garçon d'atelier..... .... M. SILVESTRE.
VICTORINE, filleule d'Hermance................. Mlle FORGEOT. / Mlle VALLÉE.

La scène se passe à Paris.

ACTE PREMIER.

Un atelier de peintre. Tableaux, chevalets, etc.

SCÈNE I.

LE VICOMTE, VICTORINE.

LE VICOMTE.

Comment!... Clermont n'est pas encore à son atelier?

VICTORINE.

Non, monsieur; madame ne veut pas qu'il descende de si bonne heure... parceque tous ces jours-ci il s'est levé au petit, petit jour, et en voilà jusqu'à la nuit à travailler... madame le gronde, et le docteur Bernier aussi, parceque ça lui fait mal... sa vue devient faible.

LE VICOMTE.

Diable!... il faut y prendre garde... on a besoin de ses yeux quand on est peintre... et qu'on est mari... mari d'une jolie femme.

VICTORINE.

Pour ce qui est de madame... il n'y a pas besoin de la surveiller... elle se garde bien elle-même... et je vous dis ça, à vous, qui quoiqu'un peu fat, êtes au fond un bon et brave jeune homme... et tous ceux qui tourneront autour d'elle... y perdront leurs pas.

LE VICOMTE.

Tu crois cela?

VICTORINE.

Si j'y crois!... je crois à ma maîtresse comme à moi-même.

LE VICOMTE.

D'abord est-ce que tu crois en toi?... et penses-tu, ma petite Victorine, que si on voulait s'en donner la peine...

VICTORINE.

Essayez pour voir... parceque vous êtes un grand seigneur, un vicomte, que vous avez un *groom*, un tilbury, et des gants jaunes... vous croyez que cela me séduira?

LE VICOMTE.

Pourquoi pas? tu t'es bien laissé séduire par M. Augustin Blaireau... garçon d'atelier...

VICTORINE.

Monsieur !...

LE VICOMTE.

Qui va à pied, qui n'a rien, et qui a les mains noires... Vois-tu, mon enfant, on a beau médire de la fortune et des gens comme il faut, chacun sans se l'avouer subit leur influence... c'est ainsi que s'humanisent peu à peu les vertus les plus farouches... Tu as beau rire... c'est comme cela...

AIR d'Heudier (VIEILLESSE DE FRONTIN)

Près des beautés les plus sévères
Éblouir est un sûr moyen ;
Quelque grace, quelques manières,
Un peu d'esprit et de maintien,
Un coupé, qui ne gâte rien :
Oui, voilà les armes discrètes
Qui triomphent par-ci par-là ;
J'ai vu des vertus de soubrettes
Succomber à moins que cela.

VICTORINE.

Vous êtes passablement avantageux, monsieur le vicomte...

LE VICOMTE.

Entendons-nous, je ne dis cela ni pour les femmes de chambre comme toi, ni pour les femmes d'artistes comme ta charmante maîtresse...

VICTORINE.

Ma maîtresse ! je le crois bien... elle aime trop son mari, qui est jeune, qui est aimable... qui est riche... tous les artistes le sont à présent... il a du talent... il gagne de l'argent...

LE VICOMTE.

Et il en dépense encore plus... je le sais de bonne part, et si tu voulais seulement, ma petite Victorine... me rendre un service que je vais te dire... je protégerais M. Augustin Blaireau, ton amoureux... à qui je veux du bien et à toi aussi...

(Il l'embrasse.)

VICTORINE.

Eh bien ! vous m'embrassez !...

LE VICOMTE.

Par distraction .. je te jure... je pensais à une autre personne...

SCÈNE II.

LES MÊMES, AUGUSTIN.

AUGUSTIN, s'arrêtant à la porte.

Qu'est-ce que j'ai vu là ?... il me prend comme des éblouissements !...

LE VICOMTE.

Eh ! eh !... c'est l'ami Augustin... comment va notre apprenti Raphaël ?... notre illustre rapin ?

AUGUSTIN.

Très bien, monsieur le vicomte, très bien... c'est-à-dire très mal... (A part.) Je ne sais plus ce que je dis... je ne vois plus clair... j'ai de l'orpin jaune dans les yeux.

VICTORINE.

Encore de la toile et des couleurs ! madame va être contente ! elle ne veut plus que monsieur travaille ; elle veut qu'il se repose... qu'il passe deux mois à la campagne.

LE VICOMTE.

En vérité !...

AUGUSTIN.

Je sais cela comme vous, mademoiselle, mais le rapin d'atelier, est comme le soldat au poste ; le patron lui dit : « Va chez Binant, » et il va rue de Cléry, chez Binant. On lui dit de prendre une toile de quarante-deux pouces, il apporte une toile de quarante-deux pouces, avec de l'huile d'œillet et un appuie-mains, parceque le rapin ne connaît que son devoir.. Allons, bon !.. voilà le vert de vessie qui s'est crevé dans ma poche.

VICTORINE, riant.

Ah ! ah ! ah !

AUGUSTIN.

Oui, riez... il y a de quoi !... (à part.) quand tout-à-l'heure je l'ai vue... (Haut.) Il paraît que monsieur le vicomte a du goût pour les beaux arts ?...

LE VICOMTE.

Moi ! du tout... je ne suis pas comme toi, mon futur Michel-Ange... je n'ai jamais fait, au collége, que des nez et des oreilles... je ne comprends que cela dans la peinture.

AUGUSTIN.

Alors... qui diable vous amène aussi assiduement ?

LE VICOMTE, riant.

Moi !...

AUGUSTIN.

Oui, pourquoi venez-vous tous les jours ?

LE VICOMTE.

Pour te voir.

AUGUSTIN.

C'est trop fort !

LE VICOMTE, assis et le regardant en face.

Il me semble que voilà un nez et sur-tout des oreilles qui seules en vaudraient la peine... et comme je ne t'ai pas laissé ignorer mon goût pour les grandes choses...

AUGUSTIN.

Ah çà ! décidément vous voulez me faire poser, vous me prenez donc pour le plus godiche des rapins... Fi ! monsieur le vicomte... un jeune homme de votre rang... de votre fortune... je n'en veux pas dire davantage... mais je m'entends.

LE VICOMTE.

Tu n'en es que plus à plaindre.

AUGUSTIN.

Oui, je m'entends... et vous qui êtes un abonné de l'Opéra où vous avez des sylphides à volonté... je rougirais à votre place de venir comme ça dans nos ateliers sous toutes sortes de prétextes... pour nous enlever nos... c'est affreux... ce n'est pas délicat... voilà tout.

AIR de la Nuit espagnole.

Vous avez, tant qu' vous en voulez,
Des bayadèr's et des princesses,
Des nymphes, dont vous raffolez,
Des bergèr's et mêm' des déesses.

Vous n' fait's que changer de passion
Depuis janvier jusqu'en décembre ;
Vous avez les dam's du salon,
Laissez-nous cell's de l'antichambre.

LE VICOMTE.

Ah çà ! qu'est-ce qu'il a donc, ce jeune Rubens ?

VICTORINE.

Il perd la tête.

LE VICOMTE.

Il s'insurge, je crois.

AUGUSTIN.

Eh bien ! oui... je m'insurge ! je m'exalte... je ne veux pas être jobardé... à ma barbe et à mon nez... oui, à mon nez... je le dis avec intention... puisqu'on l'a mis en jeu... Je me moque des titres... moi ! nous sommes égaux depuis la Charte de 1830, et voilà !

(Il se pose sur un appuie-mains.)

VICTORINE.

Il est fou !

LE VICOMTE.

C'est trop fort !... et je ne sais qui me retient...

(Il lève une petite canne qu'il tient à la main. Clermont paraît en costume d'atelier, le bonnet grec sur la tête. Il se place entre eux, se servant de sa palette comme d'un bouclier.)

SCÈNE III.

LES MÊMES, CLERMONT.

CLERMONT.

Tableau des Sabines !... Gloire à David ! On n'en fait plus comme ça... et nous disons que c'est rococo.

LE VICOMTE.

Eh ! bonjour, mon cher Clermont.

CLERMONT.

Salut au plus aimable des vicomtes. (Allant à Augustin.) Comment, rapin, tu mets ta lance en arrêt contre un chevalier français, et tu fais un champ-clos de mon atelier..... si encore tu te posais en attitude... ce bras en dehors et cette jambe en dedans... Va à ton estompe... cela vaut mieux ; et broye-moi du noir...

AUGUSTIN.

J'en broye déja assez comme ça.

CLERMONT.

Ça veut déja faire des batailles, et ça ne sait pas mettre un nez sur une bouche !

LE VICOMTE.

C'est justement ce que je lui disais.

AUGUSTIN, dans le coin à droite.

Dieu ! si j'osais parler !

CLERMONT, se retournant.

Pousse au noir...

AUGUSTIN, avec mauvaise humeur et travaillant.

J'y pousse plus que jamais.

CLERMONT.

C'est un petit paysan, comme je l'étais autrefois... le neveu de la mère Philibert, ma nourrice, que je cherche à débarbouiller un peu... j'aurai de la peine... mais il est gentil... il ira... il y a de ça... et de ça... Allons, ferme, de la vigueur... Ton casque n'est pas sur ta tête... Calcule donc tes distances... où vas-tu mettre ton nez ?... (il lui prend l'estompe et lui en fait sur la lèvre une moustache.) ici... ici...

VICTORINE.

Pauvre garçon... il est gentil !... Quel dommage qu'il soit si jaloux !

AUGUSTIN, à demi-voix, à Victorine.

Jaloux... après ce que j'ai vu... ah ! ça vous étonne... Quand j'entends des choses pareilles... je rougis... je pâlis... je change de couleurs.

CLERMONT, à son tableau, de l'autre côté du théâtre.

Et qui te dit d'en changer ?

AUGUSTIN.

Là !... j'ai cassé mon crayon !...

CLERMONT, riant.

Voilà ce que c'est que la colère !... (Au Vicomte.) Qui donc, mon cher vicomte, me procure si matin l'honneur de votre visite ?

LE VICOMTE.

Vous savez que je suis l'ami des arts que je protège...

CLERMONT.

En grand seigneur.

LE VICOMTE.

Et sans y rien comprendre.

CLERMONT, riant.

C'est peut-être ce que je voulais dire.

LE VICOMTE.

Et vous avez raison... Mais les artistes... c'est différent... ce sont mes amis, mes camarades... et quand je peux leur être utile...

VICTORINE, qui s'est assise à droite, près d'Augustin, et qui ourle une serviette.

Voyez-vous le traitre !

LE VICOMTE.

D'abord, j'ai un tableau à vous commander.

CLERMONT.

Bravo !

LE VICOMTE.

Mais j'y mets une condition !... L'air de la campagne vous est, dit-on, nécessaire, et vous viendrez chez moi, à six lieues d'ici... une habitation délicieuse...

CLERMONT.

Et ma femme ?...

LE VICOMTE.

Nous l'emmenons.

CLERMONT.

C'est dit... j'accepte.

VICTORINE, se levant.

Mais, monsieur...

LE VICOMTE.

Et toi aussi, Victorine... ne t'inquiete pas... tu suivras ta maîtresse.

AUGUSTIN.

Et on veut que je me modère!...

CLERMONT, se retournant.

Dieu! que tu es bien comme ça... reste un peu...

AUGUSTIN.

Mais, monsieur...

CLERMONT.

Reste donc... tu as de la grace, les bras en l'air... et tu me serviras pour ma Françoise de Rimini.

AUGUSTIN, étonné.

Je ferai la belle Françoise?...

CLERMONT.

Eh non! imbécile!... ne vois-tu pas là... un beau cheval blanc...

AUGUSTIN, avec indignation.

Je ne ferai pas le cheval!

CLERMONT.

Tu feras l'esclave, le mauricot qui le tient par la bride... pendant que Paolo fait ses adieux à sa maîtresse... (Il lui pose les deux bras en l'air.) Tête d'étude... tête de plâtre... qui ne voit rien... n'entend rien... c'est parfait... ne bouge pas de là.

LE VICOMTE, qui pendant ce temps a regardé un portrait.

Ah! que c'est bien!... attendez donc... je connais cette figure-là...

CLERMONT.

En vérité?...

LE VICOMTE.

Eh! oui, sans doute... quoique je ne l'aie vu qu'une ou deux fois en ma vie chez ma grand'-tante... il y a bien des années... C'est un vieux gentillâtre enragé de noblesse... le baron de Saint-Dizier.

CLERMONT.

Lui-même.

LE VICOMTE.

Et comment se trouve-t-il ici?

CLERMONT.

Comme portrait de famille... c'est mon beau-père...

LE VICOMTE.

Votre beau père! le baron de Saint-Dizier... une aussi ancienne maison... un homme d'une haute naissance... et vous, mon cher ami?...

CLERMONT, occupé à peindre.

Fils d'un paysan... d'un fermier... qui encore enfant crayonnais sur les murs de la ferme des chevaux et des bons hommes...

AUGUSTIN, vivement et se dérangeant de sa position.

En vérité...

CLERMONT, travaillant toujours.

Tiens donc tes bras... Venu à pied à Paris... logeant au sixième, rue Saint-Jacques... joli local! en se levant c'est moi que le soleil apercevait le premier... beau ciel... jour superbe... et cinq ans après, sur la route de Rome... avec le premier prix de peinture... Ah! l'heureux

temps que celui-là... pas le le sou, mais la gloire en tête, et l'amour au cœur!

LE VICOMTE.

Déja amoureux!

CLERMONT.

Est-ce que j'aurais eu le premier prix sans cela! j'avais été appelé à l'hôtel Saint-Dizier pour donner des leçons de dessin à une jeune fille de quatorze ans... mademoiselle de Saint-Dizier... la fille du baron... je la voyais tous les jours.

LE VICOMTE.

Et vous vous êtes déclaré?...

CLERMONT.

Jamais!... je ne lui ai jamais dit un mot... mais j'ai remporté le grand prix... je suis parti... j'ai travaillé... je suis revenu avec ce tableau... vous savez... vous l'avez vu à l'exposition...

LE VICOMTE.

Tout Paris l'a admiré.

CLERMONT.

Le roi l'a acheté... d'autres encore... Au bout de quelque temps, j'avais cinquante mille francs de gagné... autant en tableaux commandés, de l'estime, de la réputation... J'arrive à l'hôtel Saint-Dizier... et seul, en tête-à-tête avec le baron, je lui demande sa fille.

LE VICOMTE.

Eh bien!...

CLERMONT, travaillant toujours.

Il me met à la porte.

LE VICOMTE.

Est-il possible!

CLERMONT, à Augustin, qui a quitté sa position.

Veux-tu tenir tes bras! cette diable de toile est d'un gris blafard... à peine si je distingue mon esquisse.

LE VICOMTE.

Eh bien! mon cher ami...

CLERMONT.

Eh bien!... J'avais beaucoup de chagrin.... j'hésitais si je me tuerais ou si je travaillerais encore... ce dernier parti était le plus dur... mais le moins lâche... et je partis... j'allai en Russie... Au retour il y avait du changement... le baron qui avait fait de grandes spéculations était mort... et mort ruiné... pas un denier à la succession, et des dettes!... je dis: « Bravo!! j'ai bien fait de ne pas me tuer. » J'avais rapporté des roubles de Russie... j'en avais beaucoup... je payai toutes les dettes du père, et puis après je cherchai la fille... et sans lui rien dire de ce que j'avais fait pour l'honneur de son père, j'osai lui avouer que je l'aimais, et tout ce que j'avais souffert... et elle, une demoiselle noble.... l'héritière d'un grand nom... d'une grande famille... elle a consenti à donner sa main... à un paysan... à un artiste... car enfin je ne suis qu'un paysan parvenu... et pour vous autres gens de la haute classe, c'était un grand sacrifice...

Aussi, j'en suis si reconnaissant, je voudrais la rendre si heureuse... que depuis le matin jusqu'au soir... je suis là à mon atelier à travailler pour elle...

VICTORINE.

A vous rendre malade... à vous tuer.

CLERMONT.

Ah!... c'est un grand bonheur que celui-là... parce que ma femme, voyez-vous... ma femme et mon enfant... quand je suis fatigué... je pense à eux... et ça revient... le cœur bat, la main se ranime... et le pinceau va tout seul... (A Augustin, qui s'est approché pour l'écouter.) Qu'est-ce que tu fais là, imbécile?... A ton cheval... ton cheval... qui va s'échapper... bride en main, mon garçon!

AUGUSTIN , se remettant en attitude.

Ne craignez rien... je tiens ferme.

CLERMONT.

Bon... me voilà en verve... ce que c'est seulement que de parler de ma femme... tenez... tenez...

AIR de la Jeune Malade.

Bien qu'en songeant à mon Hermance,
Je sens doubler ma force et mon ardeur ;
Je ne pensai jamais à l'opulence,
    Mais il m'en faut pour son bonheur.
Et chaque fois qu'une page est finie,
Quand chacun vient l'admirer tour-à-tour,
    Ce n'est souvent que de l'amour,
    Et l'on croit que c'est du génie.

LE VICOMTE.

Savez-vous que votre tableau est bien avancé...

(Victorine sort par l'appartement d'Hermance.)

CLERMONT.

J'espère bien l'avoir terminé avant la fin du mois.

LE VICOMTE.

Il faut alors vous dépêcher, car c'est aujourd'hui le vingt-cinq.

CLERMONT , avec effroi.

Le vingt-cinq! vous croyez?

LE VICOMTE.

J'en suis sûr.

CLERMONT , avec découragement et cessant de travailler

Ah! mon Dieu!

LE VICOMTE.

Qu'avez-vous donc?

CLERMONT.

Rien.. rien... Le vingt-cinq!... Augustin , donne-moi mes habits... que je sorte...

AUGUSTIN.

Laisser là votre ouvrage commencé... quand nous étions si en train!...

CLERMONT.

Je n'y suis plus... (A part.) Le vingt-cinq!... Comment se fait-il que ce soit le vingt-cinq?... Je travaille le jour... la nuit... tout cela s'embrouille... je ne m'y reconnais plus... je devrais toujours avoir là à côté de moi... un calendrier...

AUGUSTIN.

Je vous achèterai un Mathieu Laensberg...

CLERMONT.

Oui... mais dépêche-toi... mon habit... car je suis pressé.

LE VICOMTE.

J'ai là mon cabriolet... je peux vous conduire...

CLERMONT.

Vous êtes bien bon.

LE VICOMTE.

En allant chez la duchesse d'Eaubonne, ma grand'tante qui m'attend à déjeuner... rue de Tournon... Est-ce votre chemin ?

CLERMONT.

Mon chemin... ah! mon Dieu!... au fait où aller? je n'en sais rien... il faudrait connaître l'adresse...

HERMANCE , en dehors.

Portez-les dans l'atelier de monsieur.

CLERMONT.

C'est ma femme... je l'entends... (A Augustin qui arrive tenant un habit.) Rends-moi ma robe de chambre... je ne sortirai pas... je reste à travailler... Vous, mon cher vicomte... que je ne vous retienne pas.

LE VICOMTE.

Pourquoi donc ?

CLERMONT.

La duchesse vous attend... mais tout - à - l'heure , en sortant de chez elle... si vous pouviez passer un instant... j'aurais peut-être quelque chose... à vous demander... un service...

LE VICOMTE.

Je reste.

CLERMONT.

Non, non... que ma femme n'en sache rien.

LE VICOMTE.

C'est bien... je reviens sur-le-champ... (A part.) A merveille!... me voilà dans les secrets du ménage.

VICTORINE , rentrant avec un vase de fleurs.

Voici madame.

CLERMONT.

AIR nouveau.

C'est Hermance,
    Adieu...

LE VICOMTE.

    Adieu!...

CLERMONT.

    Silence!

LE VICOMTE.

    Prudence !
Et près de vous en ce lieu
    Je reviens dans peu

S'il s'agit d'un bon office,
Moi, je n'en refuse aucun
Et c'est me rendre service
Que de m'en demander un

Toujours un ami, je pense,
Doit arriver le premier,
Et de votre préférence
Je puis vous remercier.

ENSEMBLE.

C'est Hermance, etc.

(Le vicomte sort.)

SCÈNE IV.

Les Précédents, HERMANCE.

CLERMONT, allant au-devant d'elle.

Bonjour, ma chère amie! c'est bien aimable à toi de venir dans son atelier encourager l'artiste.

HERMANCE.

Au contraire... je viens l'empêcher de travailler... car voilà trop long-temps qu'il est à l'ouvrage.

CLERMONT.

Moi!... je n'ai rien fait... je n'ai fait que causer... causer de toi...

HERMANCE, souriant.

Et avec qui?

CLERMONT.

Avec le vicomte de Réthel.

HERMANCE, changeant de ton.

Ah! il sort d'ici?

AUGUSTIN.

Il n'en bouge pas.

CLERMONT.

Tant il aime les arts.

AUGUSTIN.

Ce n'est pas ça qu'il aime.

HERMANCE, étonnée.

Comment?

AUGUSTIN.

Ce matin encore je l'ai surpris ici avec mademoiselle Victorine... à qui il faisait des cajoleries... oui, oui, je le dirai devant madame.

HERMANCE.

Comment, Victorine...

VICTORINE.

Vous saurez tout, ma marraine......

HERMANCE.

C'est bien... Augustin, dites qu'on nous serve à déjeûner.

AUGUSTIN.

Oui, Madame... (A Victorine.) Fi... c'est affreux de tromper un jeune homme de bonne foi qui ne vous aimait que pour la mairie... et qui en perd toutes ses facultés... Je vais commander votre déjeûner... et déjeûner aussi pour alimenter ma vengeance... oui, madame, j'y vais.

(Il sort.)

SCÈNE V.

CLERMONT, HERMANCE.

CLERMONT.

Il ne sait ce qu'il dit... le vicomte venait ici pour nous emmener à la campagne...

HERMANCE.

Et vous avez accepté?

CLERMONT.

Certainement... il m'a commandé un tableau qu'il me paiera très bien...

HERMANCE.

Et à quoi bon? nous sommes assez riches, nous le sommes trop; cette aisance et même ce luxe qui nous environne...

CLERMONT.

Cela fait bien à un artiste, un peu de faste: cela prouve le progrès des lumières et des arts; jadis les arts mouraient de faim.

AIR de l'Apothicaire.

L'artiste, au bon temps féodal,
Par une route assez commune
Allait à pied à l'hôpital,
Temple assuré de sa fortune.
Grace au luxe, grace à l'appui
Que ce siècle d'or nous procure,
On s'y rend plus vite aujourd'hui,
Car beaucoup y vont en voiture.

Je ne dis pas cela parceque je t'en ai donné une... moi, quelle différence!... je gagne de l'argent... et plus que je n'en veux... il est juste que je le dépense pour mes plaisirs... et mes plaisirs à moi... c'est de te voir belle!...

HERMANCE.

Quelle folie!... l'autre jour encore, cette parure magnifique...

CLERMONT.

Il le fallait bien... ce concert où on t'attendait... et où tu as chanté!... Dieu! quelle voix! quelle méthode! tout le monde applaudissait... excepté moi, qui étais là dans un coin... et qui n'en avais pas la force... c'était fini... et j'écoutais encore!...

HERMANCE.

Oui, oui... succès de société.

CLERMONT.

Non!... ces grands seigneurs disaient tous, à commencer par le vicomte de Réthel: « Quel dommage qu'elle ne brille pas sur un vrai théâtre!.. » s'ils savaient que tu trembles pour chanter seulement un morceau devant quelques personnes!... c'est même peut-être pour cela que malgré toutes les invitations tu n'as pas voulu y retourner.

HERMANCE.

Ce sont des plaisirs de grands seigneurs trop chers et trop beaux pour nous.

CLERMONT.

Il n'y a rien de trop beau pour ma femme.....

si ça nous gênait... je ne dis pas! mais ça ne nous coûte rien... tu le sais... mon pinceau est là!... Qu'est-ce qui te fait plaisir?... une parure, une loge aux Italiens... parle... nous les aurons! il ne nous faut pour cela qu'un tableau de genre... ou quelques portraits... tout est là... en nous-même... et il y a des gens qui s'indignent quand passe un artiste qui a conquis *sa fortune* et *son indépendance* avec son pinceau ou avec sa plume... vous le salueriez avec respect s'il l'avait gagnée dans des fournitures... ou volée à la bourse.

HERMANCE.

Non... mais l'on blâme celui qui use inutilement sa santé et ses forces... et ce que j'exige, moi... c'est que vous refusiez l'offre de M. de Rhétel... que, docile aux avis du docteur, vous ménagiez votre vue qui s'affaiblit, que vous preniez enfin du repos.

CLERMONT.

Bientôt... mais pas encore.

HERMANCE.

Puisque votre fortune est assurée... du moins, vous me l'avez dit bien des fois...

CLERMONT.

Certainement... (On sonne. — A part.) O mon Dieu!... serait-ce déjà... (haut, à Hermance.) nous n'avons plus rien à craindre... nous sommes à l'abri des revers... (A Victorine, qui entre après avoir frappé à la porte.) Si c'est pour moi... fais passer dans le salon.

VICTORINE.

Non... c'est la marchande de modes de Madame.

CLERMONT.

C'est juste... j'ai même, je crois, un mémoire à lui payer... mais je suis là à travailler...

HERMANCE.

Dis-lui de revenir demain...

CLERMONT.

Oui, cela me fera plaisir... je n'aime pas qu'on me dérange.

HERMANCE.

Dis en même temps qu'on ne laisse entrer personne.

CLERMONT.

Ma femme a raison... personne... excepté le vicomte.

HERMANCE.

Est-ce qu'il doit revenir?

CLERMONT.

Oui... il me l'a promis.

VICTORINE.

Pour un service que monsieur lui a demandé.

HERMANCE.

Un service...

CLERMONT, avec impatience.

Et cette marchande de modes qui vous attend... est-ce qu'elle est à vos ordres?... est-ce qu'elle a le temps de rester là pendant tous vos bavardages?

VICTORINE.

Non... monsieur... j'y vais... (A part.) Je ne l'ai jamais vu si en colère.

(Elle sort.)

SCÈNE VI.
CLERMONT, HERMANCE.

CLERMONT.

Il n'y a rien de jacasse comme les femmes-de-chambre... ça se mêle de tout, et celle-là...

HERMANCE.

C'est ma filleule...

CLERMONT.

Je ne dis pas...

HERMANCE.

Une brave et honnête fille en qui j'aurais toute confiance...

CLERMONT.

A la bonne heure... mais, enfin... c'est une femme-de-chambre...

HERMANCE, souriant.

C'est-à-dire bavarde.

CLERMONT.

C'est-à-dire... femme-de-chambre.

HERMANCE.

Eh bien !... supposons que, fidèle à sa vocation... elle y ait cédé tout-à-l'heure... le mal est fait... j'en profite, et je voudrais bien savoir, mon ami, quel service vous avez à demander au vicomte?

CLERMONT.

Rien... un tableau original... un Paul Véronèse... qu'il a chez lui et que je voudrais voir.

HERMANCE.

Non... vous ne lui demanderiez pas pour cela un entretien à mon insu...

CLERMONT.

Eh bien ! c'est vrai ! Ce sont des détails d'artistes... des choses que tu ne dois pas savoir...

HERMANCE.

Et je n'insiste plus... mais j'attends de vous une grace...

CLERMONT.

Et laquelle?

HERMANCE.

Ne demandez plus de services au vicomte... n'en recevez plus de lui... et surtout n'allons pas à sa campagne...

CLERMONT.

Et pourquoi?

HERMANCE, souriant.

Ah! ce sont des détails de ménage... des choses que vous ne devez pas savoir...

CLERMONT, se remettant à peindre.

Ah! ah!... tu prends ta revanche!... tu vas croire ce que disait tout-à-l'heure M. Augustin Blaireau, qui n'y voit goutte!...

HERMANCE.

Il n'est pas le seul!

CLERMONT.

Se persuader qu'il en conte à cette petite Victorine!... lui un dandy, un fashionable!... qui a pour passions tout ce qu'il y a de mieux... des duchesses du grand faubourg... je le sais... il me le dit.

HERMANCE.

En vérité?...

CLERMONT.

Il me dit tout... parceque les artistes et les grands seigneurs, ça va de pair... et il y a des choses étonnantes... entre autres, deux maris qui ne se doutent de rien...

HERMANCE, riant.

Deux!...

CLERMONT.

Tout autant.

HERMANCE.

Vous vous trompez.

CLERMONT.

Du tout.

HERMANCE.

Il y en a au moins trois.

CLERMONT.

Il m'a dit deux.

HERMANCE.

Moi qui vous parle, j'en connais un troisième qui est admirable! (riant.) qui est à peindre en ce moment...

CLERMONT, laissant tomber son pinceau.

Comment! ce serait?...

HERMANCE.

Eh oui, mon cher ami, puisque vous me forcez à vous le dire... car le ciel m'est témoin que je voulais à tout jamais vous le laisser ignorer...

CLERMONT.

Il oserait vous faire la cour!

HERMANCE.

Depuis un mois il ne fait que cela... voilà pourquoi j'ai refusé de retourner dans ces soirées, dans ces concerts dont nous parlions tout-à-l'heure...

CLERMONT.

Malgré tes succès!

HERMANCE.

Oui, ces succès-là étaient trop dangereux... surtout les répétitions où vous m'envoyez seule tous les matins...

CLERMONT.

Oui! c'est vrai!... souvent même je te pressais, je te disais: «Tu seras en retard!...» Oh! les maris... seront toujours maris !

HERMANCE, lui tendant la main.

Non pas!... quand on les aime.

CLERMONT.

Et moi! qui là, sous mes yeux... ne voyais rien.

HERMANCE.

Je vous disais bien que votre vue baissait

tous les jours... Me croirez-vous maintenant ?

CLERMONT.

Oui, ma femme... oui, je te croirai toujours.

SCÈNE VII.

LES MÊMES, VICTORINE.

VICTORINE.

Voici monsieur le vicomte qui monte l'escalier.

CLERMONT.

Ah!... c'est trop fort!

HERMANCE.

Pas un mot qui puisse me compromettre à ses yeux... vous êtes censé ne rien savoir.

CLERMONT.

N'ayez donc pas peur... un mari qui ne sait pas... est quelquefois bête et gênant... mais ceux qui savent, sont de la meilleure pâte du monde!... avec eux, il n'y a jamais de danger.

SCÈNE VIII.

LES MÊMES, LE VICOMTE.

LE VICOMTE.

Vous voyez, mon cher Clermont, que j'ai expédié pour vous le déjeuner de ma grand'tante... et je serais accouru bien plus vite encore, si j'avais su trouver madame auprès de vous.

CLERMONT, à part.

C'est juste voilà ce qu'il lui disait tous les jours.

HERMANCE.

Il n'est pas étonnant de me trouver dans l'atelier de mon mari...

LE VICOMTE.

Non sans doute... Et pourtant, depuis ce matin... depuis que j'ai su que la femme de l'artiste était mademoiselle de Saint-Dizier, cette découverte a augmenté encore, s'il est possible, l'attachement et le respect que je vous ai voués.

CLERMONT, à part.

Et je suis là... et j'entends tout cela!...

(Chantant tout en crayonnant sur une toile.)

Tra la... la, la...

LE VICOMTE.

Vous, madame! faite pour embellir les plus brillants salons... (Clermont fredonne.) Il est d'une humeur charmante, ce cher Clermont!... cela me prouve qu'il va mieux.... Que sera-ce donc quand il aura passé quelques jours à la campagne, car vous savez que je vous emmène... il vous l'a dit?...

HERMANCE.

Et moi, monsieur, je craindrais d'abuser de vos bontés.

LE VICOMTE, vivement.

Abuser ! ne suis-je pas trop heureux de vous être agréable... disposez de moi, de mon crédit... et si jamais je pouvais vous être utile.

CLERMONT.

Un instant... un instant, vicomte... vous n'êtes pas venu ici pour rendre service à ma femme... mais à moi.

LE VICOMTE, souriant.

C'est juste.

CLERMONT.

Vous pensiez peut-être que le mari et la femme ne faisant qu'un... c'était tout-à-fait la même chose ?...

LE VICOMTE.

A peu près... (à demi-voix.) et puis je croyais... que c'était un secret entre nous.

CLERMONT.

Oui, d'abord... mais j'ai réfléchi que ma femme n'ayant pas de secrets pour moi... je ne devais pas en avoir pour elle, vous concevez... dans un bon ménage, ça doit être comme ça... et le service que j'attends de vous, c'est un bon conseil.

LE VICOMTE.

Un conseil ?... parlez... c'est la chose du monde que l'on donne avec le plus de facilité.

CLERMONT.

Vous aimez les arts... (regardant sa femme.) et tout ce qui y tient... et je veux vous consulter sur un tableau que je dois commencer aujourd'hui... un tableau de genre... une scène d'intérieur...

LE VICOMTE.

Ce sont celles que j'aime... et franchement je m'y entends assez.

CLERMONT.

Tant mieux... Je saisis le moment où un pauvre bourgeois de mari, bien simple, bien bonace, bien rue Saint-Denis, comme ils sont tous, vient de découvrir qu'il a dans son ménage un bon ami... qui est trop son ami... concevez-vous ?

LE VICOMTE.

Très bien !... comment l'a-t-il découvert ?

CLERMONT.

Peu importe... on ne dit pas tout dans un tableau... on ne saisit que le moment... et les figures principales... vous voyez celle du mari... ces bonnes têtes à la George Dandin... muet... étonné... et un peu bête... parce qu'on l'est toujours dans ces positions-là... vous voyez aussi la femme... une noble et honnête femme... figure pleine d'expression... elle est un peu troublée... il y a dans tous ses traits de la candeur, de l'innocence, et une légère teinte d'inquiétude...

CLERMONT.

Mais ce que vous ne voyez pas, c'est la tête du galant... (mouvement du vicomte.) c'est celle-là qui est admirable... je la tiens... je la vois d'ici... il est embarrassé, gêné... il ne sait trop quelle contenance garder... il y a dans sa figure, du blanc, du rouge... j'y ajouterai de la terre de Sienne... pas de bistre... cela lui donnerait l'air d'un conspirateur... je vois là une gamme de tons fort riches... (Regardant Victorine qui rit bas.) Et puis derrière, sur le plan reculé, une petite femme-de-chambre... qui sourit malignement en feignant d'essuyer un meuble... comme opposition... comme détail... vous comprenez : c'est assez gai.

LE VICOMTE, s'avançant.

Oui... c'est très gai.

VICTORINE, s'avançant.

Quoi ! monsieur...

HERMANCE, se levant.

Mon ami...

(Ces trois mouvements se font en même temps.)

CLERMONT, vivement.

Attendez... attendez... ne bougez pas !

Air du Déjeûner d'huîtres.

Pour le projet que je tiens là,
Par un hasard bien favorable,
Chacun semble placé déja :
Oh ! la rencontre est admirable !
C'est cela : je tiens mon tableau ;
Restez tous dans cette posture ;
Je n'ai qu'à prendre mon pinceau
Pour travailler d'après nature.

LE VICOMTE.

Charmant.... charmant.... mon cher Clermont... je comprends à merveille... l'effet en sera délicieux.

CLERMONT.

Ce n'est pas tout... Le tableau n'est pas fini... et c'est là-dessus justement que je voulais avoir votre avis.

LE VICOMTE.

Sur la manière d'en finir !...

CLERMONT.

Précisément...

LE VICOMTE.

Il y en a plusieurs.... d'abord l'ami... qu'on a mystifié...peut se fâcher et demander raison..

CLERMONT, posant sa palette.

Qu'à cela ne tienne !...

HERMANCE, se jetant au devant de lui.

Monsieur !...

LE VICOMTE.

Mais ce serait bien mauvais genre... bien mauvais ton... J'aimerais mieux supposer que ce jeune homme a quelques bons sentiments, (pour être grand seigneur, cela n'empêche pas...) qu'il aime les dames... et qu'il fait tout pour obtenir leurs bonnes graces... mais quand il ne réussit pas... il sait prendre son parti et se console ailleurs.

CLERMONT.

HERMANCE, bas, à part.

Bien.

LE VICOMTE.

Que loin d'en vouloir à celles qui lui ont résisté... il respecte en elles... la vertu, la beauté, la naissance...et bien plus... je voudrais même qu'il se vengeât du mari par quelques moyens généreux.

CLERMONT, vivement.

Que voulez-vous dire ?

LE VICOMTE.

Je ne sais pas trop... il faudrait chercher... en voici un cependant qui pourrait peut-être vous être utile...Nous supposerions que le mari, riche en apparence, est cependant un peu gêné... qu'il dépense peut-être un peu plus qu'il ne gagne...

CLERMONT, voulant le faire taire.

Monsieur !...

LE VICOMTE.

Qu'il a souscrit quelques billets qui sont en circulation...un sur-tout de six mille francs que l'on doit présenter le 25.

HERMANCE.

Est-il possible !

CLERMONT, à Hermance.

Ne le crois pas... ce n'est pas vrai !...

LE VICOMTE.

Le voici.

CLERMONT, HERMANCE et VICTORINE, stupéfaits.

O ciel !

LE VICOMTE, les regardant tous en position.

Ne bougez pas !... Ah !... c'est un autre tableau... qui dans son genre peut valoir le premier... Hein ! qu'en dites-vous ?

Même air que le précédent.

Ce sujet est joli, je croi :
La scène m'en parait nouvelle ;
Et chacun ici, sur ma foi,
Pourrait bien servir de modéle.
J'en ferais un tableau piquant,
Fort original, je vous jure,
Si j'avais aussi le talent
De dessiner d'après nature.

CLERMONT.

Monsieur, ce billet...

LE VICOMTE.

A été passé à mon ordre...

CLERMONT, vivement.

Et je ne veux rien devoir à personne... je le payerai... je l'acquitterai dès demain... dès aujourd'hui...

LE VICOMTE, le déchirant.

Quand vous le voudrez... vous en êtes maintenant le maître...

(Il salue Hermance, et sort.)

HERMANCE, à Victorine.

Reconduis-le, ferme la porte, que personne ne vienne.

CLERMONT, à part, tombant sur un fauteuil.

Ah !... il s'est cruellement vengé !...

SCÈNE IX.
CLERMONT, HERMANCE.

HERMANCE, s'approchant de Clermont.

Ah ! vous m'avez trompée !

CLERMONT.

Hermance !.. ma femme... pardonne-moi !

HERMANCE.

C'est à moi-même que je ne le pardonnerai jamais...

CLERMONT.

Ne crois pas que ce soit du désordre... ni de la mauvaise conduite... je n'ai besoin de rien... je suis habitué aux privations et aux mansardes... un lit, une chaise, un secrétaire... et rien dedans... voilà le mobilier de l'artiste... il ne m'en faut pas davantage.

HERMANCE.

Eh ! bien alors... pourquoi ces dettes... ces dépenses insensées...

CLERMONT.

Ah ! j'avais mes raisons !

HERMANCE.

Et lesquelles ?... parle... allons, de la confiance.

CLERMONT.

O chère femme... chère femme !... tu m'avais rendu si heureux en consentant à m'épouser... que je ne voulais pas que tu fusses punie de mon bonheur... ou qu'il te coûtât jamais un regret... tu avais été élevée dans le luxe, tu étais habituée à l'opulence... je ne voulais pas changer tes habitudes... je faisais mes efforts pour que la transition ne fût pas trop brusque entre la maison de ton mari et l'hôtel de ton père...

HERMANCE.

Quoi ! c'est pour cela que tu te levais avant le jour, que tu travaillais souvent la nuit...?

CLERMONT.

Ce joli coupé que t'enviait plus d'une comtesse, ce riche appartement que tu aimais tant !...

HERMANCE.

Tout cela était bien lourd pour ta palette...

CLERMONT.

C'est possible !... mais je te voyais joyeuse et brillante, et j'en étais fier, et je me disais avec orgueil : « Ils ont cru que m'épouser c'était déchoir... Eh bien ! non...

Air de la Saint-Charles à Londres.

Non ! mon Hermance à ma tendresse
Devra tout, je suis son appui ;
Je peux la faire ou baronne ou comtesse,
Car le talent anoblit aujourd'hui,
Le talent seul anoblit aujourd'hui.
Mon amour, pour elle égoïste,
Veut que l'on dise, en voyant sa splendeur :

C'est la femme d'un grand seigneur...
Non!... c'est la femme d'un artiste !

HERMANCE.

Et c'est pour cela que tu détruisais ta santé
et ta fortune...

CLERMONT.

Que veux-tu ?... d'autres se ruinent pour des
maîtresses, moi... ma maîtresse, c'est ma femme...
c'est ma vie, c'est mon amour !

HERMANCE.

Tu comptais donc bien peu sur le mien...
Est-ce qu'en t'épousant je ne me suis pas asso-
ciée à la fortune de l'artiste? et bonne ou mauvaise, je la veux telle qu'elle est... telle qu'elle
sera; mon devoir et mon bonheur sont de la
partager... Aussi désormais, réforme complète...
plus de luxe ni de folles dépenses, de l'ordre,
de l'économie, c'est moi que cela regarde; tout
entière à mon mari et à mon enfant; les ché-
rir, les rendre heureux, voilà désormais ma
seule tâche, mon orgueil et mes plaisirs à moi,
monsieur, parceque je suis femme d'artiste et
non pas femme de grand seigneur.

CLERMONT, cherchant à cacher ses pleurs.

Ma femme... ma femme... j'ai eu tort !

HERMANCE.

Certainement... mais par bonheur... tout
n'est pas désespéré... Combien devons-nous?

CLERMONT.

En tout vingt mille francs.

HERMANCE.

C'est beaucoup.

CLERMONT.

Ce n'est rien... en deux mois j'aurai gagné
cela...

HERMANCE.

Non pas! en un an... un an et demi tout au
plus !

CLERMONT.

Laisse donc !

HERMANCE.

Ah! je suis la maîtresse... je commande.

CLERMONT.

C'est juste ! eh bien ! soit... en un an...

HERMANCE.

D'ici là... nous vendrons le coupé, les chevaux, mes deux cachemires et mes boutons en
diamants.

CLERMONT.

Non... tout le reste excepté cela...

HERMANCE.

Cela d'abord... car il faut dès demain payer
le vicomte... qui s'est noblement conduit...

CLERMONT.

Tu trouves...

HERMANCE.

Oui... il n'y a plus de billet, plus de signa-
ture... nous ne devons plus que sur parole : il
faut payer sur-le-champ.

CLERMONT.

Tu as raison... (Avec un soupir.) Plus de coupé !

HERMANCE, gaîment.

Nous irons à pied!... tu me donneras le
bras...

CLERMONT.

Et ils se détourneront... pour te regarder et
pour dire : « Qu'elle est jolie !... » en voiture ils
n'avaient pas le temps de te voir.

HERMANCE, froidement.

Non!... nos chevaux allaient trop vite !

CLERMONT.

Ah! ils étaient beaux... deux gris-pomme-
lés... Tu me diras : On a encore les citadines et
les omnibus...

HERMANCE.

Plus de domestiques en livrée.

CLERMONT.

Nous serons plus libres, plus à notre aise...

HERMANCE.

Quand ils étaient là... devant nous, à table...

CLERMONT.

On n'osait pas s'aimer...

HERMANCE.

Rien ne nous en empêchera !...

CLERMONT.

C'est déja cela de gagné... et puis à mesure
que nos dettes s'acquitteront... peu-à-peu nous
dépenserons...

HERMANCE.

Nous mettrons de côté...

CLERMONT.

Pour nous.

HERMANCE.

Pour notre enfant... qui compte sur vous !...

CLERMONT.

C'est vrai !

HERMANCE.

Pour ne pas troubler vos nuits, à vous qui
aviez tant besoin de repos, j'ai renoncé à l'é-
lever... je l'ai éloigné de nous...

CLERMONT.

Comment... c'était pour moi !... tu me disais
que c'était pour sa santé... que le médecin avait
exigé...

HERMANCE.

Mais aujourd'hui il revient, on nous le ra-
mène...

CLERMONT.

Oh! quelle bonne nouvelle!... comme je vais
travailler!

HERMANCE.

Au contraire... à cause de cette bonne nouvelle... vous vous reposerez aujourd'hui ; nous
sortirons ensemble...à pied...pour nous essayer.
Cela vous fera du bien...

CLERMONT.

Avec toi... certainement.

HERMANCE.

Nous chercherons quelque appartement... en
bon air...

CLERMONT.

Rue de Rivoli...

HERMANCE.

Faubourg Montmartre ; et puis nous irons dîner ensemble.

CLERMONT.

Chez Véry.

HERMANCE.

C'est trop cher...

CLERMONT.

Au Cadran-Bleu !... Je me crois toujours grand seigneur...

HERMANCE.

Tous les deux... en partie fine... n'est-ce pas gentil ?

CLERMONT.

Ah ! c'est charmant !... c'est délicieux... et je ne conçois pas maintenant qu'avec une femme comme celle-là... j'aie cru avoir besoin de fortune... quelle jolie journée !

HERMANCE.

N'est-ce pas ?... Je vais attendre notre enfant... dès qu'il sera arrivé... je viendrai t'avertir.

CLERMONT.

Quel bonheur de le voir !... car je ne le connais pas encore... je le rencontrerais que je lui ôterais mon chapeau ; c'est vrai, je ne pourrais pas lui dire : « M. Paul, j'ai bien l'honneur de vous présenter mes très humbles civilités. » Mais aujourd'hui...

HERMANCE.

Habille-toi vite... et surtout ne travaille pas.... tu me le promets...

CLERMONT.

Fi donc !... Adieu, ma femme !... ma chère femme !

SCÈNE X.

CLERMONT, seul et s'habillant.

Et l'on ne se jetterait pas dans le feu pour une femme comme ça !... elle a une manière d'arranger les choses... qui fait que je n'ai jamais été plus heureux qu'aujourd'hui... aujourd'hui que je suis ruiné... Il est vrai que dîner avec elle au Cadran-Bleu... ça ferait tout oublier... Je prendrai un petit coin bien seul, bien tranquille, où nous serons tous les deux... ce n'est pas ça qui coûte cher et qu' augmentera la dépense... (A moitié habillé et regardant son tableau.) Et quand elle me dit de ne pas travailler... elle a peut-être raison, il me faut un peu de repos... c'est vrai !... mais ce n'est pas les bras croisés que l'on paye ses dettes... vingt mille francs !... c'est quelque chose... et j'ai idée que je ne lui ai pas tout dit... le mémoire de la marchande de modes... et le bijoutier... il y a encore de l'arriéré... la queue du diable, comme nous disions chez Girodet... (Il va regarder à la porte, et revient sur la pointe des pieds.) Elle n'y est pas... bon... un coup de brosse à mon tableau... (Le regardant.) Ma Françoise de Rimini ! il me semble que c'est bien... et qu'au premier salon cela me fera honneur... honneur et profit... de quoi acheter à ma femme... une petite maison de campagne... bien simple, bien modeste... rien n'empêche la petite carriole d'osier pour y aller... on nourrit le cheval dans le verger... et à coup sûr il y aura encore bien assez pour deux vaches... et alors nous avons une laiterie... et cœtera... (Travaillant.) Bien ! très bien !... voilà une heureuse touche !... Et mon fils... pauvre petit Paul ! je veux qu'il soit élevé comme un prince, celui-là... et quand je pense qu'aujourd'hui... que tout-à-l'heure, je vais le voir !... (S'arrêtant.) C'est singulier, quand je commence à travailler, les yeux me font un peu mal... mais cela se dissipe, ce n'est rien !... je voudrais seulement finir cette demi-teinte avant que le jour ne baissât... il fait si sombre aujourd'hui... (Il appelle.) Augustin ! allons donc, rapin, il n'est jamais à l'atelier, ce farceur-là !

SCÈNE XI.

CLERMONT, VICTORINE.

VICTORINE.

Vous avez appelé, monsieur ?

CLERMONT.

Ah ! c'est toi, petite !

VICTORINE.

Oui, je vous apportais une lettre qui a un timbre et un grand cachet.

CLERMONT, regardant de très près.

C'est de la maison du roi... tire-moi donc les rideaux... cette croisée ne donne pas de jour.... (Cherchant à lire.) Monsieur, monsieur... ils ont une manière d'écrire à présent... diable m'emporte ! si je peux lire... (A Victorine.) Vois toi-même.

VICTORINE, prenant la lettre.

C'est superbe !... c'est moulé... (Lisant.) Ah ! mon Dieu !...

CLERMONT, qui s'est remis à son tableau.

Qu'est-ce que c'est ?

VICTORINE.

C'est du roi, signé du ministre.

CLERMONT.

Dis donc vite.

VICTORINE.

Ils vous commandent un tableau pour la Madeleine, et un pour la galerie de Versailles.

CLERMONT, sautant de joie.

Deux tableaux !... (Appelant.) Ma femme !... (A Victorine.) Non, non... tais-toi... il faut lui laisser la surprise... Un tableau pour Versailles !... et un pour la Madeleine !...

VICTORINE, lisant toujours.

Vingt mille francs chacun. ·

CLERMONT, poussant un cri.

Ah! qu'est-ce que tu dis?.... quarante mille francs!

VICTORINE.

Oui, monsieur.

CLERMONT.

Mes dettes seront payées!... nous ne vendrons pas le coupé!... ma femme n'ira pas à pied!...

(Chantant.)

Tra la, la, la, la, la.

J'aurai fait cela dans l'année! certainement!... il ne me faut pas un an en travaillant bien...

Tra la, la, la...

(Avec exaltation.) Quel art, que celui-là! quelle fortune qu'un pinceau!... une fortune que rien ne peut vous ravir... une fortune qui donne la gloire et l'indépendance... avec laquelle on peut se passer de tout le monde... braver l'adversité... les coups du sort... le ciel lui-même... (Se retournant vers Victorine.) Victorine, as-tu tiré les rideaux?...

VICTORINE.

Oui, monsieur!...

CLERMONT.

Ouvre alors la croisée... car en vérité on n'y voit pas.

SCÈNE XII.

LES MÊMES, AUGUSTIN.

AUGUSTIN, entrant.

Est-ce que monsieur a appelé?

CLERMONT.

Qu'il est joli!... il y a vingt minutes qu'on t'appelle, rapin!...

VICTORINE, qui a fait de vains efforts pour ouvrir la croisée.

Vous arrivez à-propos, monsieur Augustin... tenez, ouvrez donc cette fenêtre... je ne peux pas en venir à bout.

AUGUSTIN.

Cette idée!... et pourquoi faire?

CLERMONT, toujours à son tableau.

Eh! pour voir clair, imbécile.

AUGUSTIN, ouvrant la fenêtre.

Pour voir plus clair, à la bonne heure.

CLERMONT, quittant le chevalet.

Maudite teinte plate!... non, décidement il est trop tard... voici la nuit qui vient... il faut y renoncer.

VICTORINE.

Comment? la nuit!...

AUGUSTIN.

Qu'est-ce que vous dites donc, maître? il fait au contraire un jour superbe!... un soleil d'or qui éblouit... qui fait mal.

(Musique de M. Hormille.)

CLERMONT, jetant son pinceau et s'avançant au milieu de la chambre.

Qu'est-ce que j'éprouve donc?... tout s'obscurcit... tout s'épaissit devant moi... il n'y a plus que des ombres... je distingue à peine... Augustin, Victorine... où êtes vous?

VICTORINE.

Nous sommes auprès de vous!

AUGUSTIN.

Me voilà, maître, je vous touche les mains...

CLERMONT.

Hermance... ma femme... appelez-la... La nuit!... la nuit!... non, vous me trompez, ce n'est pas possible... si Hermance était là... je la verrais... j'en suis sûr!... c'est elle seule que je veux croire!

VICTORINE.

Madame!... ah! la voilà!

CLERMONT, cherchant à se diriger vers elle.

Hermance!

SCÈNE XIII.

LES MÊMES, HERMANCE.

HERMANCE, entrant vivement.

Viens! viens vite, mon ami!... il est arrivé! oh! tu ne te fais pas d'idée comme il est gentil!...

CLERMONT.

Mon fils!

HERMANCE.

Oui... viens donc vite le voir!

CLERMONT.

Le voir!... mon enfant!!! Hermance, où es-tu?

HERMANCE, étonnée.

Cette question!... mais là, auprès de toi.

CLERMONT.

Là... (Il lui saisit vivement la main, lève les yeux vers elle, et pousse un cri.) Ah! mon Dieu!... je suis perdu! tout est fini!... je ne te vois plus! je suis aveugle!!...

(Il tombe dans ses bras, elle jette un cri et le soutient.— La toile tombe.)

ACTE SECOND.

Un petit salon élégamment meublé ; porte au fond. A gauche, deux portes ; à droite, une porte et une fenêtre. Un secrétaire à droite ; une table à gauche, près du grand fauteuil de Clermont.

SCÈNE I.

CLERMONT, assis dans un fauteuil ; **VICTORINE**, lui lisant le journal ; **HERMANCE**, à droite, la tête baissée et plongée dans ses réflexions.

CLERMONT.

Eh bien! Victorine, lis-moi le journal, car ma femme doit être lasse...

HERMANCE, sortant de sa rêverie.

Moi, mon ami!... je ne le suis pas!

CLERMONT.

Si vraiment! et c'est tout naturel, depuis près d'un an que je suis dans les Bélisaire et les OEdipe à Colonne, tu ne te contentes pas d'être mon Antigone, tu es encore ma lectrice ordinaire, ce qui ne laisse pas d'être fatigant! par le temps et par les romans qui courent... encore hier, trois volumes!! c'est là du dévouement! c'est-là de l'amour conjugal!

HERMANCE.

Vous trouvez!

CLERMONT.

Ça ne m'étonne pas! j'ai toujours dit que tu étais capable de tout pour moi.

VICTORINE.

En vérité, monsieur, je ne conçois pas que vous soyez toujours aussi gai.

CLERMONT.

Et pourquoi donc serais-je triste?... parceque j'ai perdu la vue!... quand je pleurerais... ça ne me la rendrait pas... au contraire!... et je prends mon parti comme mes confrères, les quinze-vingt, qui d'ordinaire sont tous gais et joyeux. C'est tout simple! rien ne les choque, rien ne les offusque... n'y voyant pas, ils trouvent tout superbe, ils ont une vie entière d'illusions!... tout ce qui les entoure est constamment jeune, frais et brillant; ceux qu'ils aiment ont toujours vingt ans; pour eux les arbres ne se dépouillent jamais de leur verdure; c'est un long rêve, une heureuse fiction, que le réveil ne vient jamais détruire.

Air du vaudeville de l'Album.

Oui, mon état a bien ses avantages,
Et, pour ma part, j'y trouve des douceurs;
Je vois en beau les plus tristes visages,
Sans voir tous ceux qui changent de couleurs;
(Prenant la main d'Hermance.)
Des soins si doux soulagent ma misère...
Tant d'amitié vient calmer mes regrets...
Que si mes yeux recouvraient la lumière,
Je ne sais pas ce que j'y gagnerais.
Loin d'y gagner, je crois que j'y perdrais

VICTORINE.

En vérité!

CLERMONT.

Essayes-en pour voir?

VICTORINE.

Je vous remercie! j'aime autant garder mes yeux.

CLERMONT.

Par coquetterie!..... parcequ'ils sont gentils.....

VICTORINE.

Non! mais ils sont bons...

CLERMONT.

Ah! ils sont bons... alors lis-moi le journal... je t'écoute... ma femme, où es-tu?

HERMANCE.

Ici... près de toi.

CLERMONT.

A la bonne heure... j'avais peur que tu fusses partie.

VICTORINE, lisant.

Politique intérieure... Chambre des Députés.

CLERMONT.

Assez... assez... passons... la politique... ce n'est pas gai...

VICTORINE.

Nouvelles extérieures... ah! voilà qui doit vous intéresser... (Lisant.) « Le docteur Grim- « seller de Berlin vient de mettre le comble à sa « réputation en guérissant d'une cécité absolue « le prince Albert de Schwartzemberg, aveugle « depuis vingt ans. »

CLERMONT, l'interrompant.

Attends donc!... n'est-ce pas celui dont on nous avait tant parlé... un habile homme...

HERMANCE.

Oui, mon ami.

CLERMONT.

Je sais... je sais... je lui avais fait écrire il y a quelques mois...

VICTORINE.

Et qu'a-t-il répondu?

CLERMONT.

Que d'après les renseignements que nous lui donnions... il était sûr de me guérir...

VICTORINE.

Eh bien, monsieur, il fallait partir sur-le-champ pour Berlin.

CLERMONT.

Attends donc!... il y avait à sa lettre un post-criptum... dans lequel il demandait pour ses honoraires une vingtaine de mille francs... il ne reçoit jamais moins...

VICTORINE.

Ah! mon Dieu!

CLERMONT.

Ce qui, avec les frais de voyage, faisait une jolie petite somme...

HERMANCE.

A laquelle on pourrait arriver...

CLERMONT.

Oui, si j'avais encore ma palette et mon pinceau...mais maintenant... nous voilà revenus de Berlin, n'est-ce pas, ma femme?... et nous nous priverons de voir le roi de Prusse...

VICTORINE.

Quel dommage!

CLERMONT.

A moins que le docteur ne me fasse crédit... et que je ne lui envoie plus tard un beau tableau d'Homère... ou de Valérie...

VICTORINE.

Il ne demanderait peut-être pas mieux...

HERMANCE, qui pendant ce temps est restée le coude appuyé sur la table et presque sans prendre part à la conversation, regarde en ce moment la pendule.

Ah! mon Dieu!... déjà si tard!... Victorine, dis à Augustin de m'aller chercher un fiacre.

VICTORINE.

Oui, madame, il y en a à deux pas sur le boulevard.

(Elle sort.)

ooooooooooooooooooooooooooooooooooooooooooooooooooooooooo

SCÈNE II.

CLERMONT, HERMANCE.

CLERMONT.

Sur le boulevard... ah! oui... le boulevard des Italiens... c'est là que nous demeurons depuis quelque temps?

HERMANCE.

Oui, mon ami...

CLERMONT.

N'est-ce pas bien cher?

HERMANCE.

Non vraiment... un logement si simple et si modeste.

CLERMONT.

Il est vrai que sur le boulevard on a la promenade à sa porte..... et à cause de notre enfant.....

HERMANCE.

Oui, mon ami...

CLERMONT.

Et tu vas sortir avec lui?...

HERMANCE.

Certainement.

CLERMONT.

Tâche de rentrer de bonne heure..... tu es quelquefois dehors bien long-temps! et quand tu n'es pas là... ma nuit est bien plus grande encore!...

HERMANCE.

Je ferai mon possible.

CLERMONT, riant.

Sois bien sage!... tu vois que j'agis avec toi de confiance et les yeux fermés...tu ne voudrais pas me tromper... (geste d'Hermance.) il n'y aurait pas de mérite... Un mot encore... (Étendant la main.) Où es-tu?

HERMANCE.

Me voici.

CLERMONT, lui prenant la main.

Tu as froid!.. donne-moi donc ta jolie main, chère amie!... j'hésite à te parler de nos affaires, car je crains de te faire de la peine!... où en sommes-nous?

HERMANCE.

J'ai vendu tout ce qui nous était inutile... et j'ai payé les principales dettes...

CLERMONT.

Le vicomte d'abord...

HERMANCE.

Vous le savez bien, puisque vous avez voulu lui remettre à lui-même...

CLERMONT.

C'est vrai, et, (ce que je ne t'ai pas dit), tout en le remerciant beaucoup... je lui ai tourné une phrase très honnête pour l'engager à ne plus revenir... (Hermance fait un geste.) que ça ne te fâche pas...

AIR : Restez, restez, troupe jolie.

Par toi son ame fut charmée :
Tu fus l'objet de ses amours...
Et lorsqu'on t'a jadis aimée,
Ma femme, on doit t'aimer toujours!
Je sens qu'on doit t'aimer toujours!
Et d'un rival que je redoute
Comment déjouerais-je les feux...
Moi qui jadis n'y voyais goutte,
Même lorsque j'avais mes yeux!
Tu le sais, je n'y voyais goutte,
Même lorsque j'avais mes yeux.

HERMANCE.

Eh! qui peut vous faire penser?...

CLERMONT.

Rien!... rien au monde!... mais tu avais paru touchée de son procédé envers nous...

HERMANCE.

C'est vrai.

CLERMONT.

Tu trouvais qu'il s'était conduit noblement...

HERMANCE.

C'est vrai.

CLERMONT.

Depuis ce temps, tu m'en as toujours parlé avec éloge...

HERMANCE.

Vous croyez...

CLERMONT.

J'en suis sûr! moi qui n'y vois plus, je n'ai rien à faire qu'à observer; et je me disais : « Tous deux sont de la même classe, tous deux de haute

naissance... ce sont là des points de rapproche-
ment...» (Geste d'Hermance.) Pardonne-moi... j'ai
tort... je n'ai pas le sens commun... mais enfin...
j'aime mieux que tu ne le voyes plus... tu me
l'as promis.

HERMANCE, hésitant.

Oui, mon ami.

CLERMONT.

Et je suis tranquille.

SCÈNE III.

LES PRÉCÉDENTS ; LE VICOMTE, paraissant au
fond du théâtre.

HERMANCE, l'apercevant.

O ciel!... (à part.) venir ici! quelle impru-
dence!

(Elle lui fait signe de s'éloigner; le vicomte lui montre un
papier; elle le prend; elle lui ordonne de nouveau de partir; le vicomte disparait par la porte du fond.)

HERMANCE, s'avançant au bord du théâtre et lisant le
papier.

Ce soir à huit heures!

(Elle ploie le papier et le déchire.)

SCÈNE IV.

LES PRÉCÉDENTS ; AUGUSTIN, à la porte du
fond.

AUGUSTIN.

Le fiacre de madame est en bas...

CLERMONT.

Adieu, ma chère amie... adieu... bonne promenade... (riant.) j'irais bien avec toi... mais
cela te ferait deux enfants à conduire... c'est
trop... adieu... adieu... (Hermance va au fond pour
mettre son chapeau et son schall, Clermont cesse peu à peu
de rire et sa physionomie prend une teinte triste et sombre.
—Avec tristesse.) Elle est partie... seul! toujours
seul!...

HERMANCE, qui est revenue sur ses pas pour lui dire
encore adieu.

Eh! mais... qu'avez-vous donc?

CLERMONT, reprenant son visage riant.

Rien... rien... tu es encore là!... je riais!... tu
n'as pas vu que je riais!... sois tranquille... nous
allons rire nous deux Augustin..... adieu!.....
adieu!.....

SCÈNE V.

CLERMONT, AUGUSTIN.

AUGUSTIN.

Oui... rire... vous êtes bien heureux d'être
toujours gai... moi je ne le suis guère...

CLERMONT.

Et pourquoi donc?

AUGUSTIN.

Pour bien des raisons.

CLERMONT.

Et lesquelles ?

AUGUSTIN.

Il y en a mille.

CLERMONT.

Dis-m'en une.

AUGUSTIN.

D'abord mon état perdu... j'étais votre élève
et maintenant je ne tiens plus la brosse et le
pinceau que pour cirer vos bottes... c'est hu-
miliant... moi qui espérais un jour m'établir
peintre d'attributs dans notre endroit... et me
faire un nom dans les enseignes!... c'est vrai,
j'aurais peint la bouteille de bierre qui mousse,
et le buisson d'écrevisses qui danse, et le pâté...
avec la tête de canard qui passe... car vous me
disiez que j'avais des dispositions... vous me
trouviez pittoresque... et au lieu de cela...

CLERMONT.

T'ennuyer toute la journée auprès de ton
maître aveugle...

AUGUSTIN.

La journée... ce n'est rien... si encore on
avait le soir... aujourd'hui, par exemple... j'ai
un billet de spectacle... un billet gratis... pour
les Italiens... c'est un musicien qui me l'a
donné.

CLERMONT.

Ah ! tu as des connaissances parmi les musi-
siens...

AUGUSTIN.

Oui, monsieur, c'est le timbalier de l'or-
chestre... il paraît même qu'il blouse très agréa-
blement... et comme je ne suis jamais allé à ce
théâtre...

CLERMONT.

Qu'est-ce que tu ferais là ?

AUGUSTIN.

Je n'en sais rien... je verrais...

CLERMONT.

Il n'y a rien à voir... tout est pour les oreilles.

AUGUSTIN.

Ce n'est pas ça qui me manque... vous savez...
j'en ai de fameuses !...

CLERMONT.

Tu t'y ennuyeras.

AUGUSTIN.

C'est possible, mais je m'ennuyerai gratis,
c'est toujours un plaisir...

CLERMONT.

Je suis bien fâché de t'en priver, mais ce sera
pour un autre jour...

AUGUSTIN.

C'est le dernier... 31 mars, c'est aujourd'hui
la clôture de la saison.

CLERMONT.

Tant pis alors... car ce soir, j'ai idée que
ma femme doit sortir avec Victorine.

AUGUSTIN.

Parbleu!... c'est toujours nous deux qui res-

tons à la maison... tandisque mademoiselle Victorine et sa maîtresse...

CLERMONT.

C'est tout naturel... je suis le premier à dé-
sirer que ma femme prenne des distractions...
car j'ai là une idée qui me poursuit toujours et
me rend le plus malheureux des hommes...

AUGUSTIN.

Vous, monsieur, qui riez sans cesse...

CLERMONT.

C'est pour cela !... devant Hermance, devant
vous... j'affecte une gaité qui n'est pas là...
(montrant son cœur.) car là, vois-tu bien, il n'y a
a que du désespoir... plus de présent! plus d'a-
venir!... cet art dont j'étais si fier... perdu...
perdu à jamais!... à trente quatre ans!!... quand
je sens encore en moi ce feu qui brûle, qui
dévore!... (se frappant le front.) quand il y a là
vingt ouvrages qui ne verront jamais le jour...

AIR : J'en guette un petit de mon âge.

Lorsqu'inutile sur la terre,
Il m'y faut traîner mon ennui,
Mon pauvre ami, non, tu ne comprends guère
Tout ce que je souffre aujourd'hui !...
Ah ! je souffre bien aujourd'hui !...
(Amèrement.)
Dans cette nuit si cruelle et si noire
Hélas ! il me faut donc vieillir !...
Ah ! l'artiste devrait mourir
Quand il se voit mort pour la gloire !...

Mais ce n'est pas encore le plus affreux de mes
tourments... je n'ose interroger personne... et je
suis sûr qu'ici ma femme est dans la gêne...
bientôt dans la misère !... comment vivra-t-elle
désormais ?

AUGUSTIN.

Je n'en sais rien... mais jusqu'à présent tout
va bien.

CLERMONT, vivement.

Tu ne me trompes pas... tu n'as pas ordre
de me tromper... nous ne sommes pas ici dans
un...?

AUGUSTIN.

Un appartement superbe ! monsieur... dans
un beau quartier... c'est un peu haut, mais l'escalier est beau, et puis... un mobilier fort
joli !...

CLERMONT.

Comment ! elle n'en a pas vendu une grande
partie ?...

AUGUSTIN, lui faisant tâter une chaise.

Non, monsieur, c'est toujours le même ; il
faut dire aussi que j'en ai bien soin.

CLERMONT.

J'y suis... elle se sera défait de mes tableaux,
de mes esquisses... de ma Françoise de Rimini,
qui n'était pas encore achevée...

AUGUSTIN.

Probablement...

CLERMONT.

Cela a dû bien se vendre... (Avec un soupir.)

Un peintre aveugle! c'est comme s'il était mort.
C'est ainsi qu'elle aura payé nos dettes... mais
pour le reste... et pour vivre comme nous le
faisons... car je suis entouré de tant de soins !...
ma pauvre femme doit se priver de tout!

AUGUSTIN.

Madame!... elle n'a jamais été mieux mise et
plus élégante... on lui a apporté, l'autre semaine
encore, deux belles robes de bal.

CLERMONT.

Des robes de bal !...

AUGUSTIN.

Elle y allait peut-être... et c'est tout naturel,
c'est trop juste... mais voyez-vous, monsieur,
ce qui m'indigne... car puisque nous en sommes
là, je veux vous dire tout ce que j'ai sur le
cœur... c'est que mademoiselle Victorine, qui
comme moi avait renoncé à ses gages, a depuis
quelque temps des bonnets, des tabliers neufs...
et hier encore une croix d'or...

CLERMONT.

Eh bien !... qu'est-ce que ça te fait?

AUGUSTIN.

Ce que ça me fait!... si vous pouviez me
voir... vous me trouveriez la figure toute ren-
versée... ce que ça me fait !... c'est que c'est un
amoureux qui lui donne tout ça...

CLERMONT.

Un amoureux !...

AUGUSTIN.

Oui, un galantin... un grand seigneur... le
vicomte de Réthel...

CLERMONT.

Le vicomte...

AUGUSTIN.

Je le soupçonnais depuis long-temps, depuis
plus d'un an... et vous vous moquiez de moi...
mais, maintenant... j'en suis sûr...

CLERMONT.

Et comment?... puisque depuis plusieurs
mois le vicomte ne vient plus ici?

AUGUSTIN.

Vous croyez cela... je viens encore de le ren-
contrer.

CLERMONT.

Où donc ?

AUGUSTIN.

Ici même... tout-à-l'heure... il était dans l'antichambre au moment où j'y entrais.

CLERMONT.

Tu te trompes... ce n'est pas possible !...

AUGUSTIN.

Mon Dieu ! monsieur... vous me feriez dam-
ner... vous voulez en savoir plus que moi...
moi qui ai des yeux... moi qui observe, qui
espionne toute la journée... et si je vous donnais
d'autres preuves encore... mais on n'aime pas
à dire ces choses-là... au contraire, on voudrait
les cacher... à soi-même et à tout le monde...

CLERMONT.

Si... si... va toujours !...

AUGUSTIN.

Il y a quelques semaines, c'était le soir... vous dormiez depuis long-temps... j'ai entendu dans l'appartement de madame la voix de sa femme de chambre... j'ai regardé par le trou de la serrure... c'est même très commode quand on n'a pas d'autre observatoire... et j'ai vu... j'ai vu le vicomte qui causait avec Victorine!...

CLERMONT, vivement.

Et ma femme ?...

AUGUSTIN.

Elle n'y était pas... voilà le pire!... Si elle y avait été... je n'aurais rien dit... mais elle n'était pas rentrée...

CLERMONT.

A plus de minuit...

AUGUSTIN.

La porte s'est ouverte, je me suis enfui... et le vicomte est sorti... vous comprenez... de peur d'être rencontré par madame.

CLERMONT, à part.

Ou plutôt pour l'aller rejoindre... (Haut.) Et tu es bien sûr qu'il venait pour Victorine?... qu'il l'aime?...

AUGUSTIN.

Parbleu!... il se ruine pour elle... oui, monsieur... oui, c'est le mot... il se ruine pour cette petite fille... Hier elle était ici, dans cet appartement... et moi de l'autre côté... derrière la porte... qu'elle avait fermée... (hésitant.) j'étais...

CLERMONT, avec impatience.

A ton observatoire...

AUGUSTIN.

Oui, monsieur... et j'ai cru voir des étoiles en plein midi en apercevant mademoiselle Victorine qui tenait tout ouvert un écrin de diamants qu'elle regardait avec des yeux rayonnants de plaisir... je manquai me trouver mal... et au mouvement que je fis en m'appuyant sur la porte, j'entendis comme le bruit d'un secrétaire qu'on refermait... et la perfide avait disparu...

CLERMONT, avec colère.

Assez... assez!

AUGUSTIN.

Vous voyez donc bien!... Comment voulez vous que je puisse jouter avec quelqu'un qui lui donne des diamants... moi qui n'ai pour toute parure que mes agréments personnels... (Apercevant Clermont qui vient de se lever et qui traverse le théâtre à tâtons.) Eh bien! notre maître... où allez-vous donc?

CLERMONT.

Là... à ce secrétaire... j'ai à écrire.

AUGUSTIN.

A écrire!... vous... par exemple! monsieur...

CLERMONT, avec impatience.

Non... des lettres... des papiers que je cherche... Allons, va. Laisse-moi... je veux être seul.

(Augustin sort par la droite, Clermont ouvre le secrétaire.

prend l'écrin.) Ah!... (Il l'ouvre, tâte les diamants et dit à part.) C'était vrai!...

SCÈNE VI.

CLERMONT ; HERMANCE, entrant vivement par la porte du fond et voyant l'écrin entre les mains de Clermont, fait un geste d'effroi qu'elle réprime aussitôt.

HERMANCE.

Que faisiez-vous là, mon ami!

CLERMONT, cherchant à paraître calme.

Moi... rien!... j'ai ouvert machinalement ce secrétaire... et je trouve là, sous ma main... un écrin que je ne te connaissais pas.

HERMANCE, s'efforçant de sourire.

Sans doute... il n'est pas à moi!

CLERMONT.

Ah!...

HERMANCE, avec embarras.

C'est un dépôt que l'on m'a confié... et qui appartient...

CLERMONT.

A qui donc?

HERMANCE.

A une ancienne amie... la seule qui me soit restée de tout le faubourg Saint-Germain... la comtesse de Givry

CLERMONT.

En effet... tu m'en as parlé... N'est-elle pas en procès?

HERMANCE, vivement.

Oui, vraiment!... cette pauvre Adèle a épousé un joueur qui a dissipé presque toute sa fortune... elle plaide en ce moment en séparation de biens... et pour mettre à l'abri ses diamants, seul reste de sa dot, elle me les a confiés... voilà tout le mystère!... et comme ce secret n'était pas le mien... je ne vous en avais pas parlé...

CLERMONT, à part.

Ah! qu'elle ne sache jamais que j'ai pu la soupçonner.

HERMANCE.

Qu'avez-vous donc?

CLERMONT, lui prenant la main.

J'avais besoin de te voir... car je te vois quand ta main est là dans la mienne... hors ces moments-là, chère amie, c'est toujours nuit pour moi, et pendant la nuit on fait des rêves... souvent de bien mauvais rêves... mais quand tu es près de moi, c'est le jour qui revient... je m'éveille... et aujourd'hui j'ai besoin de me tenir éveillé... ainsi ne me quitte plus...

HERMANCE, avec embarras.

C'est que j'avais pour ce soir un engagement... une soirée où l'on m'attend... où l'on compte sur moi...

CLERMONT.

Chez notre ancien propriétaire...

HERMANCE, vivement.

Précisément!... il a été si bon pour nous...

CLERMONT.

Tu y vas tous les mardis... tu peux bien y
manquer un jour... et me le donner....

HERMANCE, à part.

O mon Dieu !...

CLERMONT.

Je t'en prie !... je t'en supplie !... fais-moi ce
plaisir-là.

HERMANCE, à part, et regardant la pendule.

Comment faire ?... Bientôt huit heures.

CLERMONT.

J'y attache un prix que je ne puis te dire... ne
sors pas... reste cette soirée avec moi et notre
enfant...

HERMANCE.

Ah ! si je le pouvais !...

CLERMONT.

Tu le peux .. j'ai tant de choses à te demander et à te raconter... je tâcherai que tu ne t'en-
nuies pas trop... je te parlerai de mon voyage
en Russie et des trois années que j'y suis resté
pour toi... (avec intention.) trois ans.... c'était
plus long qu'une soirée.

HERMANCE, émue.

Oh ! oui, vous avez raison... je resterai....
je ne vous quitterai pas...

CLERMONT.

A la bonne heure... et je t'en sais gré !.. car
je crois que cela te coûte.

HERMANCE, se dirigeant vers la droite.

Non... non... je rentre dans mon appartement... je vais écrire...

CLERMONT.

C'est bien !

HERMANCE

Écrire... que je ne peux !... quelles raisons ?...
n'importe !...

CLERMONT.

Tu diras que je le veux... ou plutôt que tu es
malade... car je ne veux pas avoir l'air d'un
tyran.

HERMANCE, à part, et réfléchissant.

Mais cette lettre par qui l'envoyer .. Victorine qui n'est pas rentrée, et l'on m'attend...
l'on m'attend... (Regardant la pendule.) Oui...
voici l'heure... ah ! je ne suis plus ma maitresse...
je ne m'appartiens plus !!

(Elle feint de rentrer dans son appartement à droite dont
elle ferme la porte avec force, puis sur la pointe des
pieds elle gagne la porte du fond qui est restée ouverte, et disparait.)

SCÈNE VII.

(La nuit commence à venir.)

CLERMONT, seul ; puis AUGUSTIN.

CLERMONT.

Elle vient de rentrer dans son appartement.
Quelle bonne petite soirée nous allons passer
ensemble... au coin du feu.... Cela me rappelle
cette partie fine que nous devions faire il y a
un an au Cadran-Bleu... et qui a fini si mal... je
n'ai pas de bonheur dans mes parties fines....
mais aujourd'hui, c'est différent... (Sonnant.)
Augustin !... Augustin !...

AUGUSTIN.

Me voilà, monsieur.

CLERMONT.

Arrive ici et donne-moi la main... réjouis-toi,
tu es un imbécile.

AUGUSTIN.

Comment, monsieur...

CLERMONT.

Un jaloux... qui n'a pas le sens commun... tu
avais tort de soupçonner Victorine.

AUGUSTIN.

Quand j'ai vu de mes propres yeux...

CLERMONT.

Nos yeux nous trompent, et la moitié du
temps ce n'est pas la peine d'en avoir.

AUGUSTIN.

Vous dites cela pour en dégoûter les autres.

CLERMONT.

Je dis... je dis que si tous tes reproches sont
comme ceux de l'écrin de diamants, tu peux
être tranquille.

AUGUSTIN.

En vérité ?

CLERMONT.

Get écrin ne lui appartient pas... j'en ai la
preuve...

AUGUSTIN.

Vous me l'attestez !

CLERMONT.

Eh ! oui sans doute... un écrin à cette petite
fille... faut-il être bête pour se mettre de pareilles idées en tête !

(Le jour baisse encore.)

AUGUSTIN.

Que voulez-vous? une fois que les idées y
sont... ça galope... ça galope... Vous ne savez pas comme moi ce que c'est... que d'être jaloux !...

CLERMONT, à part.

Peut-être bien !... (Haut.) Et pour achever de
te remettre.. tu peux ce soir aller au spectacle
et profiter de ton billet.

AUGUSTIN, avec joie.

Est-il possible ?

CLERMONT.

Oui, ma femme ne sort pas !... elle passe la
soirée ici avec moi, et alors je n'ai plus besoin
de personne !

AUGUSTIN.

Tous les bonheurs à la fois.. Je vais m'ha-
biller... je vais mettre ma redingote neuve... si
d'ici là vous aviez besoin de quelque chose, Victorine vient de rentrer... je l'ai vue... je ne
sais pas par exemple où elle était allée... ce
n'est pas vous qui l'aviez envoyée...?

CLERMONT.

Du tout...

AUGUSTIN.

Alors ce sera madame... Dites donc , notre maître, pendant que je serai au spectacle... si vous vouliez un peu la surveiller et avoir l'œil à ce qu'elle fait...

(Il fait presque nuit.)

CLERMONT.

Moi...

AUGUSTIN , se frappant le front.

Quelle bêtise! qu'est-ce que je dis là?... Je m'en vais... je vous laisse... Il ne vous faut rien... si vraiment, voilà le soir, et pas seulement de lumières dans ce salon...

CLERMONT.

Et qu'importe?

AUGUSTIN.

Je vais vous en descendre avant de sortir. . ça ne sera pas long...

(Il sort en courant par la porte du fond, qu'il referme.)

SCÈNE VIII.

(Nuit.)

CLERMONT, seul.

Est-il fou!... à moi de la lumière... à quoi bon?... pour moi la nuit est toujours la même... mais le pauvre garçon est encore jaloux... on n'en guérit pas... et ce qu'il y a de pire c'est que c'est contagieux... ça se gagne... il m'avait presque donné ses idées... Moi soupçonner ma femme... et douter de la vertu même!... moi ombrageux et défiant... voilà encore une des misères de ma situation... Il me semble avoir entendu marcher... est-ce elle qui revient?... oh! non... ce ne sont pas ses pas... je les connais si bien!...

UNE VOIX, en dehors, à la porte du fond , qui est fermée.

Victorine... Victorine...

CLERMONT.

C'est la voix du vicomte... ici... à cette heure... est-ce que ce pauvre Augustin aurait raison?... est-ce qu'il en conterait à cette petite fille?...

(Il se lève dans l'obscurité, et gagne un cabinet à gauche qui est près de son fauteuil. — Musique.)

LE VICOMTE frappe en dehors à la porte du fond.

Victorine!... (Il ouvre la porte et paraît.) On ne me répond pas... et jusqu'ici je n'ai rencontré personne... mais dans l'obscurité... je ne suis pas sûr de m'y reconnaître.

(Il s'avance vers le milieu du théâtre et va frapper à la porte d'Hermance.)

SCÈNE IX.

VICTORINE, LE VICOMTE.

(Clermont est dans le cabinet à gauche, dont la porte est entr'ouverte.)

VICTORINE.

Eh! mon Dieu!... qui va là?

LE VICOMTE.

Tais-toi!

VICTORINE , à voix basse.

Vous! monsieur le vicomte...

LE VICOMTE , de même.

Une lettre pour ta maitresse... il faut qu'elle l'ait sur-le-champ.

VICTORINE, de même.

Ne deviez vous pas la voir ce soir?

LE VICOMTE, de même.

Je ne puis!... une soirée chez l'ambassadeur...

VICTORINE, de même.

Madame va être bien inquiète...

LE VICOMTE, de même.

Cette lettre, je l'espère, la rassurera... et puis dans la soirée... si je peux m'échapper un instant... j'irai la retrouver...

VICTORINE , de même.

Tachez?

LE VICOMTE , de même.

Où m'attendra-t-elle?

VICTORINE , de même.

Où vous savez bien.

LE VICOMTE , de même.

Au même endroit qu'hier?

VICTORINE , de même , et le reconduisant vers le fond.

Oui... mais pas trop tard... partez... et cette lettre...

LE VICOMTE.

La voici... prends bien garde!

(Ici finit la musique.)

SCÈNE X.

(Jour.)

LES PRÉCÉDENTS; AUGUSTIN, vêtu de sa redingote neuve, et paraissant à la porte du fond avec un flambeau à deux branches qu'il tient à la main.

AUGUSTIN, apercevant le vicomte et Victorine qui sont près l'un de l'autre.

Ah! qu'est-ce que je vois!...

LE VICOMTE, lui secouant rudement la main.

Silence!... Ma protection si tu te tais..... et c'est fait de toi si tu parles.

(Il sort en courant.)

SCÈNE XI.

AUGUSTIN , VICTORINE , puis CLERMONT.

AUGUSTIN.

Si je parle!... (Arrachant vivement la lettre que Victorine toute stupéfaite tient encore à la main.) Et je veux parler, moi... je veux même crier...

VICTORINE.

Monsieur... monsieur... rendez-moi cette lettre... et taisez-vous... taisez-vous!

AUGUSTIN.

Et elle aussi qui veut me faire taire... c'est trop fort!... (*Victorine lui met la main sur la bouche.*) Je crierai... c'est ma seule consolation... je crierai par-dessus les toits... que je suis trompé...

(*Clermont, qui a ouvert la porte du cabinet, s'avance au milieu du théâtre, pâle et tremblant.*)

VICTORINE, poussant un cri en apercevant Clermont.

Ah! monsieur!... (A part.) Courons prévenir madame!

(*Elle sort en courant.*)

SCÈNE XII.

CLERMONT, AUGUSTIN.

CLERMONT, cherchant à se remettre.

Eh bien! eh bien, qu'est-ce donc?

AUGUSTIN.

Ce que c'est... notre maître... ce que c'est?... Vous qui me disiez que je n'avais rien à craindre... Aussi j'étais bien bon de m'en rapporter à vous pour la surveillance...et quand il m'arrivera encore de me laisser conduire par un aveugle...

CLERMONT.

Qui y voit maintenant plus clair que toi.

AUGUSTIN.

C'est autre chose... j'ai surpris ici le vicomte avec Victorine...

CLERMONT.

Ce n'est pas vrai!

AUGUSTIN.

Voilà qui est fort!... Il lui remettait une lettre....

CLERMONT.

Ce n'est pas vrai!

AUGUSTIN.

La voilà, notre maître... la voilà... tenez... la sentez-vous?

CLERMONT, faisant un mouvement convulsif en sentant la lettre qu'il prend.

Ce n'est pas vrai!...cette lettre n'est pas pour Victorine... lis plutôt... lis.

AUGUSTIN, tremblant.

Dans ce moment-ci, c'est tout au plus si je pourrai...j'ai comme un nuage devant les yeux.

CLERMONT, avec impatience.

Eh bien! donc... liras-tu?...

(*Il tient la lettre serrée entre ses deux mains, pendant qu'Augustin essaie à lire.*)

AUGUSTIN, lisant.

« A madame... madame Clermont. »

CLERMONT, avec colère.

Tu mens... tu mens!...(Se reprenant, et d'un air suppliant.) Non... non, mais tu te trompes, n'est-il pas vrai?... vois encore!

AUGUSTIN.

Je vois bien... en toutes lettres... *M*, *a*, *ma*, madame...

CLERMONT, à part.

Plus de doutes!

AUGUSTIN.

Quel bonheur! Comment ça se fait-il? vous savez donc?...

CLERMONT, faisant tous ses efforts pour cacher ce qu'il éprouve.

Oui... c'est une lettre que ma femme et moi nous attendions... avec impatience.

AUGUSTIN.

Voyez alors... comme c'est heureux pour nous deux!... (A part.) Et moi qui ai rudoyé c'te petite... comment la ramener à présent?...

CLERMONT, froissant la lettre.

Ah!... jamais le malheur qui m'accable ne m'a paru plus affreux!... cette preuve... je l'ai là, entre mes mains... je la sens... elle me brûle... je l'ai là... et je ne puis en faire usage... je ne puis connaître jusqu'où va sa trahison! Être certain... et... douter encore... douter... sans oser... sans pouvoir se convaincre!... ah! c'est trop se contraindre, et je ne sais pas qui m'oblige encore à de vains ménagements... (Après un instant d'hésitation.) Augustin!

AUGUSTIN.

Monsieur...

CLERMONT.

Viens ici!

AUGUSTIN.

Ah! je suis bien content... allez, monsieur...

CLERMONT.

Cette lettre contient une nouvelle... une nouvelle importante...

AUGUSTIN.

Pour vous et pour madame...

CLERMONT.

Précisément! Cette nouvelle, j'ai hâte de la connaître.

AUGUSTIN.

C'est tout naturel... quand c'est quelque chose d'heureux, on est pressé...

CLERMONT.

Oui... je n'ai pas le courage d'attendre que ma femme soit là... et j'ai bien envie... tu devrais bien... (s'efforçant de sourire.) un pauvre aveugle est plus impatient qu'un autre... tu conçois cela...

AUGUSTIN.

Certainement...Et vous voulez que je vous la lise...

CLERMONT.

Oui, mon garçon... fais-moi ce plaisir-là...

AUGUSTIN.

Bien volontiers... attendez... il faut d'abord la décacheter... c'est de la cire... c'est plus difficile...

CLERMONT, comme frappé d'une idée soudaine.

Ah!...l'avilir... la déshonorer aux yeux de ses gens!

AUGUSTIN, lisant.

« Tout est prêt pour le départ... la voiture vous attendra... »

CLERMONT, l'arrêtant et lui reprenant la lettre.

Non... non... c'est inutile... je ne veux pas te donner cette peine... ma femme est là dans son appartement...dis-lui qu'elle vienne me parler... sur-le-champ... sur-le-champ, entends-tu?

AUGUSTIN.

Mais, monsieur, Madame n'y est pas...

CLERMONT, stupéfait.

Que dis-tu?... elle n'est pas dans son appartement?

AUGUSTIN.

Non, monsieur, j'en sors, elle n'est pas même dans la maison, car, de ma fenêtre, je l'ai vue sortir, il y a une demi-heure.

CLERMONT, à part et comme atterré.

Sortir!...

AUGUSTIN.

Ça ma étonné... parceque monsieur m'avait dit que madame devait rester près de lui... et passer ici toute la soirée.

CLERMONT, cherchant à cacher son trouble.

Oui...elle me l'avait promis...mais un autre... un autre engagement... une visite que j'avais oubliée et qu'elle devait faire...

AUGUSTIN, naïvement.

Monsieur sait donc où elle est?...

CLERMONT.

Oui... oui... que cela ne t'inquiète pas... elle va revenir... ainsi va-t'en... laisse-moi!...

AUGUSTIN.

Ce n'est pas possible... je ne peux pas laisser monsieur tout seul.

CLERMONT.

Ce n'est que pour un instant... pour quelques minutes... ma femme va rentrer...j'en suis sûr... que ça ne t'empêche pas, comme je te l'avais permis, d'aller au spectacle.

AUGUSTIN.

Vous êtes assez bon...

CLERMONT.

Oui... mon garçon... oui, cela me rendra service... j'ai besoin d'être seul...

AUGUSTIN.

A la bonne heure... aussi-bien, il est tard... heureusement ce n'est qu'à deux pas... mais c'est égal, ça sera déjà commencé... Adieu, notre maître... à ce soir...

CLERMONT, seul.

Il s'en va!... me voilà donc seul... seul dans cette maison... comme dans le monde entier... abandonné de tous..... fardeau inutile, objet de leurs dédains... et bientôt peut-être de leurs railleries... Oh! non... non!... l'on ne m'aura pas outragé impunément... je me vengerai... (S'arrêtant.) Et comment?... quelle vengeance m'est permise?... Il m'aura insulté, déshonoré... il m'aura enlevé mon seul bien... tout ce qui me restait dans mon malheur, l'amour de ma femme... et si je lui demande raison de son injure et de mon affront... (se tordant les mains de rage.) ô mon Dieu... il aura pitié de moi... il refusera de se battre... le pauvre aveugle n'a pas même le droit de se faire tuer... (Plus agité, et avec amertume.) Eh! de quoi te plains-tu, malheureux?... homme de rien, misérable artiste... n'ayant pour tout bien que ton talent... si toutefois même tu en avais, tu t'es avisé dans ton orgueil d'aspirer à la main d'une jeune fille belle et noble!... (avec un sourire de dédain.) noble... oui, de haute naissance!... et parceque tu as sacrifié pour elle ta jeunesse... tes forces... ta santé... maintenant... infirme et souffrant... tu espérais lui plaire et en être aimé!... J'étais un insensé... je l'aimais trop... ah! je l'aime encore!... et avec cet amour-là dans le cœur, que ferais-je ici-bas?... son malheur et le mien... mon existence lui pèse... lui est à charge... et après tant de sacrifices, il ne m'en reste plus qu'un à lui faire... celui de ma vie, qui lui rendra sa liberté!... — Oui, pas de plaintes, pas de reproches... elle m'a dit : « Va-t'en... » je m'en vais!... personne ne l'accusera... pas même moi!... ils croiront que c'est le désespoir, l'ennui de ma position... ils diront : « Le pauvre diable!... il a aussi bien fait... » (se levant.) et ils auront raison... oui, j'y suis décidé... partons... mais comment?... je n'ai pas d'armes, et par moi-même je ne peux pas m'en procurer... je ne peux rien sans aide... pas même mourir!... ah!... cette croisée... il y en a une ici... oui... oui... ils disent qu'elle est bien haute... (Il se dirige à tâtons le long des murs et arrive près de la croisée.) Ah! la voici... Dieu soit loué!... une fois au moins je n'aurai eu besoin de personne!

(Il essaye d'ouvrir la croisée.)

CLERMONT, AUGUSTIN.

AUGUSTIN, en dehors, criant.

Monsieur! monsieur!...

CLERMONT, entendant ouvrir la porte.

Qui vient là?...

AUGUSTIN, qui est entré vivement.

Moi! monsieur... et si vous saviez...

CLERMONT.

D'où viens-tu ?...

AUGUSTIN, la cravate défaite, les cheveux en désordre et sans chapeau.

Du spectacle... on m'a mis à la porte...

CLERMONT.

Toi !

AUGUSTIN.

En personne naturelle ; et quand vous saurez pourquoi... vous serez aussi étonné que moi!... vous ne voudrez pas le croire... moi d'abord je ne le crois pas...

CLERMONT, avec impatience.

Eh morbleu ! achève... ou va-t'en !

AUGUSTIN.

On donnait *Barbiéré de Siglia*... connaissez-vous ça, monsieur ?... ils étaient tous serrés... une foule !... quelques-uns qui bâillaient... mais tous applaudissaient...

CLERMONT.

Finiras-tu !...

AUGUSTIN.

Arrive une Espagnole... une Espagnole superbe... Je lève les yeux... et je m'écrie : « C'est elle !... »

CLERMONT.

Qui ?...

AUGUSTIN.

Oui, monsieur, je la reconnais, je la salue... je veux lui parler... « On ne parle pas aux Italiens !... » Messieurs, écoutez-moi, je suis dans mon sens !... « On n'en a pas aux Italiens !... » Et alors de tout côtés : « A la porte !... à la porte !... à bas le cabaleur !... » Et les taloches, et les coups de poing... on m'entoure... on me pousse... et je me suis trouvé dans la rue, sans contremarque et sans chapeau... et pourtant c'était bien elle !...

CLERMONT.

Mais qui donc, malheureux ! qui donc ?...

AUGUSTIN.

Est-ce que je ne vous l'ai pas dit ?... (Hermance paraît vêtue en Espagnole.) Ah ! la voila !... c'est elle !...

SCÈNE XV.

LES MÊMES, HERMANCE ; puis LE VICOMTE, entrant derrière elle.

CLERMONT.

Elle !...

HERMANCE.

Me voici, mon ami...

CLERMONT la saisit, la parcourt des mains, et reconnaissant la coiffure et le costume de Rosine, du *Barbier*, tombe à ses pieds en sanglottant.

Hermance !... ah ! ma femme ! ma femme !...

HERMANCE, le relevant.

Femme d'artiste !... me crois-tu maintenant ?

CLERMONT.

Toi ! un tel dévouement !... un si grand sacrifice !... ah ! c'est trop ! c'est trop !... et jamais je n'aurais souffert...

HERMANCE.

Je le savais, je le savais bien... aussi je voulais vous le cacher ; et pour réussir dans une telle entreprise, il m'a fallu le secours d'un ami, d'un honnête homme....

LE VICOMTE.

Qui avait des torts envers vous, et qui a voulu les réparer.

HERMANCE, prenant la lettre que lui montre Clermont.

Et cette lettre du vicomte nous l'annonçait ; demain, mon ami, nous partons pour Berlin, où l'on nous répond de ta guérison.

CLERMONT, au vicomte.

Votre main, monsieur, votre main !... quoi, le docteur...

HERMANCE.

Nous pouvons le payer, car je suis riche maintenant !... la fortune d'une artiste, comme toi autrefois... quand tu m'as sauvée... chacun son tour.

CLERMONT.

Ah ! dans tes bras !... dans tes bras !...

(Il s'y jette.)

SCÈNE XVI.

LES MÊMES ; VICTORINE, accourant.

VICTORINE.

Madame... venez vite... l'entr'acte est trop long... et l'on demande Rosine à grands cris...

HERMANCE.

J'y vais...

CLERMONT.

Où donc ?...

HERMANCE.

Achever le deuxième acte du *Barbier*, ce soir la clôture... et demain libres pour six mois... allons, allons... partons...

(Elle se couvre de son manteau.)

CLERMONT.

Qu'elle doit être bien ainsi !... que ne puis-je la voir !...

HERMANCE.

Bientôt... mon ami, bientôt... dans cinq jours, à Berlin ! adieu !...

(Elle sort, suivie d'Augustin.)

LE VICOMTE.

Et moi... je reste à Paris...!

CLERMONT, au vicomte et à Victorine.

Mes amis... conduisez-moi... menez-moi...

VICTORINE.

Où donc?...

CLERMONT.

L'entendre !!..

La toile tombe.

FIN DE CLERMONT.

PARIS. — IMPRIMERIE NORMALE DE JULES DIDOT L'AINÉ,
boulevart d'Enfer, 4.